CONSULTATION

POUR

M. LE C^{TE} DE MONTLOSIER.

IMPRIMERIE DE J. TASTU,
RUE DE VAUGIRARD, Nº 36.

BARREAU DE PARIS.

CONSULTATION

SUR

LA DÉNONCIATION

ADRESSÉE A LA COUR ROYALE

PAR

M. LE COMTE DE MONTLOSIER.

Nunquàm tantum malum in republicâ fuit,
nec ad plures, nec ad plura pertinens.

Tit.-Liv., lib. 39.

PARIS

AMBROISE DUPONT ET CIE, LIBRAIRES,

RUE VIVIENNE, N. 16, EN FACE DE LA RUE COLBERT.

BAUDOUIN FRÈRES, LIBRAIRES,

RUE DE VAUGIRARD, N. 17.

1826

CONSULTATION

POUR

M. LE Cᵀᵉ DE MONTLOSIER.

LE CONSEIL SOUSSIGNÉ,

Vu, 1° le volume intitulé : *Mémoire à consulter sur un système politique et religieux, tendant à renverser la religion, la société et le trône*, publié par M. le comte de Montlosier, en février 1826 ;

2°. Un Mémoire à consulter, *manuscrit*, donné à Paris le 5 mars 1826, par M. le comte de Montlosier, portant spécialement sur la question de savoir si les faits qui y sont résumés étaient susceptibles de dénonciation privée ;

1

(2)

3°. La Consultation, envoyée au mois d'avril suivant par MM. Dupin, Mérilhou, Berville, Coffinières et Devaux, à la suite de plusieurs conférences nombreuses tenues par des avocats du barreau de Paris, en présence et avec le concours de plusieurs avocats appartenant à d'autres Cours; ladite Consultation portant qu'il y avait lieu à dénonciation sur plusieurs des faits signalés dans le Mémoire;

4°. La Dénonciation présentée de fait par M. le comte de Montlosier, le 16 juillet dernier, à la Cour royale de Paris;

5°. Enfin, le volume in-8° qu'il vient de publier à l'appui :

Consulté de nouveau par M. le comte de Montlosier en personne, sur l'effet qu'il doit attendre de ladite Dénonciation;

Est d'avis des résolutions suivantes :

A la lecture de la Dénonciation, on est également frappé par deux considérations :

1°. La gravité des faits;

2°. La qualité du dénonciateur.

Il ne s'agit pas d'un simple délit privé, d'un

de ces préjudices particuliers dont se plai-
gnent ordinairement les citoyens, dans l'intérêt de leur honneur, de leur fortune, ou de
leur sûreté individuelle, plus ou moins com-
promis.

Le délit qui est dénoncé se présente comme
un vaste complot, comme la suite *d'un système à la fois religieux et politique, tendant
à renverser la religion, la société et le trône.*

Si ce complot est réel, jamais l'alarme des
citoyens ne dut être plus grande, jamais la
sollicitude des magistrats ne dut être plus
vivement excitée.

Eh ! qui donc dénonce de tels faits ? est-
ce un inconnu ? un homme sans garantie,
sans perspicacité ? capable de se laisser séduire par des apparences vaines, ou qui soit
l'instrument aveugle ou passionné de l'esprit
de parti ?

Non : c'est un homme d'un cœur droit et
d'un esprit cultivé ; c'est un champion ac-
coutumé du trône et de l'autel ; c'est *Fran-
çois – Dominique de Reynaud, comte de
Montlosier, anciennement député de la noblesse d'Auvergne aux Etats-Généraux de
1789, attaché pendant 25 ans au ministère*

des affaires étrangères, qui se disant *informé de différens faits graves commis en infraction des lois de l'Etat contre la sûreté du Roi, la prospérité de la religion, la tranquillité publique et l'ordre social*, et désirant, *en sa qualité de chrétien, de citoyen, de gentilhomme et d'ancien serviteur du Roi et de la royauté, donner connaissance à l'autorité publique de ces délits, dont plusieurs lui paraissent avoir le caractère de crimes de lèse-majesté*, DÉNONCE ce qu'il appelle les *quatre fléaux* suivans :

1°. Un ensemble de *congrégations* religieuses et politiques répandues dans toute la France;

2°. Divers établissemens de *Jésuites;*

3°. La profession patente des *doctrines ultramontaines;*

4°. Le projet d'envahissement du pouvoir civil de la part de ce qu'il nomme le *parti-prétre.*

Prenant hypothétiquement cet exposé pour vrai, et sans rien préjuger sur l'existence de preuves plus ou moins difficiles à acquérir en pareille matière, et qui ne peuvent être que le résultat d'une instruction judiciaire, on ne peut se dissimuler que la société a le plus grand intérêt à la prompte vérification des faits dénoncés.

Ces faits, s'ils sont vrais, la mettent en péril; et ce péril, s'il n'est conjuré, appelle de toutes parts la responsabilité sur les autorités chargées de prévenir les crimes ou de les réprimer.

En effet, examinons successivement l'état de la législation, pour en faire ensuite l'application à chacun des quatre grands faits signalés par M. le comte de Montlosier.

§ Ier.

Des Congrégations.

M. de Montlosier dénonce « l'existence de
» plusieurs affiliations, connues sous le nom
» générique de *Congrégations*, dont quel-
» ques-unes ont pour objet apparent des
» exercices de piété ou quelque fin pieuse;
» mais qui sont toutes liées par le *même es-
» prit* et sous une *direction centrale*, et ten-
» dent, à raison d'engagemens divers, de
» promesses, de sermens ou de vœux, *à se
» composer dans l'État une influence parti-*

» *culière*, au moyen de laquelle elles es-
» pèrent *maîtriser l'administration, le mi-*
» *nistère et le gouvernement.* »

S'il en est ainsi, qui contesterait et le danger de pareilles associations et le devoir
imposé aux magistrats d'en rechercher l'o-
rigine, d'en mettre à nu les élémens, d'en
déjouer les ressorts et d'en procurer la dissolution?

Quelques voix amies de la liberté, avec plus
d'enthousiasme peut-être que de réflexion,
revendiquent, pour les citoyens, le droit illi-
mité de se former en associations. Mais ce
droit, s'il existe, est, comme tout autre droit,
assujetti pour son exercice à des règles sans
lesquelles il dégénérerait trop facilement en
abus. *Libertas est naturalis facultas ejus, quod
cuique facere libet*, NISI SI QUID JURE PROHIBE-
TUR. *L.* 4, *ff. de Statu hominum.*

Or quel est le peuple, quel est le gouvernement qui ait jamais permis aux citoyens
de s'organiser sourdement au gré de leurs
caprices, et de créer, au sein de la grande
société, des sociétés secondaires capables de
balancer, par leur influence, l'exercice des
pouvoirs publics?

A Rome, dont les lois sont en grande partie devenues les nôtres, et dont on ne peut nier que la police admirable ne se conciliât parfaitement avec la liberté politique et la liberté civile, on trouve des règles dont la sagesse ne saurait être contestée.

Il n'est pas permis à toutes personnes indistinctement (dit le jurisconsulte Gaïus), de fonder une société, un collége, ou toute autre corporation; cette licence est réglée par les lois et les sénatus-consultes [1].

Aussi, il était spécialement recommandé aux gouverneurs des provinces de ne point permettre l'établissement de colléges et de sodalités [2], et aux généraux de les interdire sévèrement dans les camps parmi les soldats [3].

---

[1] *Neque societas, neque collegium, neque hujusmodi corpus, passìm omnibus haberi conceditur : nam et legibus et senatus-consultis ea res coercetur.* L. 1, ff. *Quod cujusq. civil. nom.*

[2] *Mandatis principalibus præcipitur præsidibus provinciarum, ne patiantur esse collegia sodalitia.* L. 1, ff. *de Coll. et corp.*

[3] *Neve milites in castris collegia haberent.* SUETON. *in Aug. Cæs. cap.* 32.

Ces établissemens n'étaient valides qu'autant qu'ils avaient été fondés en vertu d'un sénatus-consulte, ou plus tard avec la permission de César : autrement ils étaient réputés illicites [1].

Et alors ils devaient être condamnés à se dissoudre [2].

Le célèbre Brisson, dans ses Antiquités, lib. 1, cap. 14, a un chapitre intitulé : *collegia illicita, quibus legibus, senatus consultis, constitutionibusque coerceantur.*

Ces dispositions des lois romaines étaient indépendantes de l'objet des associations : ce but, fût-il innocent, le collége, la sodalité ou congrégation n'étaient pas moins illicites, parce qu'ils n'étaient pas légalement autorisés.

Telles étaient les premières assemblées des chrétiens auxquelles Pline le jeune rend

---

[1] *In summâ, nisi ex senatus consulti auctoritate vel Cæsaris, collegium, vel quodcumque tale corpus coierit, contra senatus consultum et mandata collegium celebrat.* L. 3, § 1, ff. *de Coll. et corp.*

[2] *Collegia si qua fuerint illicita mandatis et constitutionibus dissolvuntur.* D. L. 3.

d'ailleurs un si honorable témoignage, dans sa lettre à l'empereur Trajan : mais, quoique innocentes au fond , elles n'en étaient pas moins illicites à défaut d'autorisation : aussi Tertullien lui-même, dans une de ses apologies [1], où il excuse les assemblées des chrétiens , ne peut s'empêcher de dire : *Nisi fortè in senatus consulta et principum mandata coitionibus opposita delinquimus.*

Du reste , Pline dans la même lettre leur rend cette justice, qu'aussitôt après qu'il eut pris un arrêté en vertu du décret de Trajan qui défendait les hétéries ou congrégations, ils s'étaient abstenus d'en former aucune..... *Morem coeundi... innoxium, quod ipsum facere desiisse , post edictum meum , quo secundum mandata tua hœterias esse vetueram.*

Si au fait d'association se joignaient d'autres faits prohibés par les lois , des actes de débauche, des crimes, des délits contre les particuliers ou contre l'Etat, alors la peine ne consistait pas seulement à dissoudre l'as-

---

[1] *In libro adversùs Psychicos.*

semblée, soit qu'elle eût été autorisée ou non ; mais les coupables étaient punis *pro qualitate facti* dans toute la rigueur des lois. On en voit un notable exemple dans Tite-Live, au livre 39, où il rend compte du *procès fait à la congrégation religieuse des bacchanales*, l'an de Rome 566, sous le consulat de Spurius Posthumius Albinus et de Marcius Philippus.

Cette police romaine est devenue l'une des maximes de notre droit public français.

DOMAT, du *Droit public*, liv. 1ᵉʳ, tit. 2, sect. 2, n° 14, dit : «Il est de l'ordre et de la police d'un État que toutes assemblées de plusieurs personnes en un corps y soient illicites, à cause du danger de celles qui pourraient avoir pour fin quelque entreprise contre le public. Celles mêmes qui n'ont pour fin que de justes causes, ne peuvent se former sans une expresse approbation du souverain, sur la connaissance de l'utilité qui peut s'y trouver, ce qui rend nécessaire l'usage des permissions d'établir des corps et communautés ecclésiastiques ou laïques, régulières, séculières et *de toute autre sorte*, chapitres, universités, colléges, monastères, hôpitaux, corps de métiers, confréries, maisons de ville ou d'autres lieux, et toutes autres qui rassemblent diverses personnes pour *quelque usage que ce puisse être.* »

Domat ne distingue pas : il n'excuse point les associations par le motif plus ou moins louable qui a présidé à leur formation. Quelles qu'elles soient, pour quelque usage que ce puisse être, il faut la permission de l'autorité publique.

Et pourquoi ? — M. l'avocat-général Joly de Fleury en donnait la vraie raison dans ses conclusions, lors de l'arrêt du 18 avril 1760 ; c'est que « dans l'État, toute assemblée particulière qui n'est point autorisée par le souverain... donne lieu à des *soupçons légitimes* que l'autorité publique a intérêt de vérifier, et présente toujours une matière ouverte à des *inquiétudes* qu'il est du bon ordre d'écarter. »

Le prétexte même de religion, quelque respectable qu'il soit, n'en impose pas ; il faut, dans tous les cas, une autorisation expresse et dans la forme légale ; autrement, dit Fevret (tom. 1, p. 89, 91, 96 et 97), il y a abus, et abus d'autant plus dangereux que le prétexte étant plus respectable peut entraîner un plus grand nombre de personnes. *Nam vidimus plerumque, etiam sub sacri conventûs pretextum, multa improbos adversus pudicitiam et leges moliri.* Alciat, in l. 85, ff. *de Verb. signif.*

Aussi voit-on un grand nombre d'ordonnances, de réglemens et d'arrêts qui, dans notre législation, ont eu pour objet de réprimer les assemblées, associations, congrégations et confréries non autorisées légalement.

On peut voir le mandement adressé en 1305, par Philippe-le-Bel, au prévôt de Paris; le prince y défend toute *congrégation* au nombre de plus de cinq, sous quelque forme, mode ou simulation que ce soit. (*Ord. du Louvre, tom.* 1, *p.* 428.)

Les lettres de Philippe de Valois pour le bailliage d'Auvergne en 1343, qui défendent à toutes personnes de faire assemblées sous couleur de confrérie ou autrement (*tom.* 2, *p.* 189.)

D'autres ordonnances rapportées dans Fontanon, *tom.* 1, *liv.* 3, *p.* 66; et dans les conférences de Guénois, *liv.* 1, tit. 5, part. 2,

§§ 16 *et* 17 , enjoignent aux officiers royaux d'en faire la poursuite *diligemment*.

Ajoutez encore l'ordonnance de Moulins, de février 1566, article 27, la déclaration du 24 mai 1724, et celles citées par Fevret, Traité de l'abus , *tom.* 1 , *p.* 96 *et* 97.

Lorsqu'il s'agissait d'une association ou congrégation religieuse , même d'une simple confrérie , le concours de la puissance civile était exigé. Il n'eût pas suffi d'une bulle du Pape ou de l'autorisation de l'évêque : il fallait encore l'autorisation du Roi, donnée par lettres-patentes dûment enregistrées et vérifiées [1].

Les parlemens veillaient avec soin à l'observation de cette régle de droit public. On peut en rapporter un exemple saillant.

Le 12 janvier 1760, sur la demande d'un de Messieurs, accueillie par l'assemblée des

---

[1] Pour le consentement de l'evêque , voyez art. 10 du Réglement des Réguliers, Mémoires du Clergé , tom. 5, pag. 1574 ; tom. 6, pag. 1241. — Pour l'autorisation royale, voyez Preuves des libertés de l'Eglise gallicane, chap. 15 ; Déclaration du mois de juin 1659 ; Lois Ecclésiastiques, chap. *des fêtes,* n°s 17 et 18.

Chambres, le procureur-général fut chargé
de s'informer de différentes *associations et
congrégations non autorisées et non revé-
tues de lettres-patentes.* Il rendit ce compte
le 18 avril 1760 ; il donna des détails sur
ces différentes associations et sur plusieurs
pratiques superstitieuses qui y avaient lieu ;
il s'éleva surtout contre *le secret* qui régnait
dans ces associations. Il observa que toutes
ces congrégations étaient *inutiles* dans les
beaux siècles de l'Église, qu'elles ne devaient
leur établissement *qu'à la dévotion peu éclai-
rée des fidèles*, etc., etc.; enfin, il requit
contre ces réunions des mesures qui furent
adoptées par l'arrêt qui fut rendu le 9 mai.
Par cet arrêt : « La Cour ordonne que les
» ordonnances, arrêts et réglemens de la
» Cour seront *exécutés selon leur forme et
» teneur ;* ce faisant, fait inhibitions et dé-
» fenses à toutes personnes, de quelque
» qualité et condition qu'elles soient, *de for-
» mer aucunes assemblées illicites*, ni *con-
» fréries, congrégations* ou *associations,*
» sans l'expresse permission du Roi, et let-
» tres-patentes vérifiées en la Cour..... leur
» fait très-expresses inhibitions et défenses

» de souffrir aucune assemblée, ni faire au-
» cun exercice desdites *affiliations* et *con-*
» *grégations*, etc., etc. »

A l'époque de la révolution, il existait en France un grand nombre de corporations et congrégations séculières, ecclésiastiques et laïques, dûment autorisées; mais une loi du 18 août 1792 les a toutes supprimées sans exception, *quelle que fût leur dénomination,* ainsi que *toutes les familiarités, confréries, et toutes autres associations* de piété ou de charité.

Quelques agrégations ou associations religieuses ayant essayé de se reproduire sous l'Empire, un décret du 3 messidor an XII (22 juin 1804), rédigé par M. Portalis, disposa en ces termes :

« Art 1er. ...... Seront dissoutes toutes
» *agrégations* ou *associations* formées sous
» prétexte de religion et non autorisées.

» Art. 6. Nos procureurs-généraux près
» nos Cours et nos procureurs impériaux,
» sont *tenus de poursuivre* ou faire pour-
» suivre, *même par voie extraordinaire,*
» suivant l'exigence des cas, les personnes
» de tout sexe qui contreviendraient *direc-*

» *tement ou indirectement* au présent dé-
» cret, qui sera inséré au Bulletin des lois. »

On peut voir encore, sur le même sujet, les articles 291 et 292 du Code pénal de 1810, placés sous la section VII du titre 1er du livre III, ayant pour titre, *Des associations et réunions illicites*, et qui prononcent également *la dissolution* de toute *association non autorisée.*

Ainsi, le principe n'est pas plus douteux que la compétence, sous la nouvelle comme sous l'ancienne législation [1].

1°. Toute association ayant un but ou pré-texte religieux, et qui *n'a pas été légale-ment autorisée*, doit être *dissoute.*

2°. C'est à *l'autorité judiciaire* qu'il appartient de poursuivre cette dissolution par le ministère des *procureurs-généraux.*

Ces fonctionnaires doivent agir dans tous les cas :

1°. Même par *la voie extraordinaire*, c'est-à-dire criminellement, si les faits dénoncés

---

[1] *Sed et posteriores leges d l priores. pertinent, nisi contrariæ sint.* Loi 28, ff. *de Legibus.*

ou découverts comportent de telles poursuites ;

2°. Et dans tous les cas, ils doivent faire
opérer la *dissolution ;*

Car la dissolution est la peine nécessaire
du seul défaut d'autorisation ; elle doit être
prononcée aussi bien contre l'association
qui aurait un but utile que contre celle qui
aurait un but condamnable.

Vous avez bravé la loi ; la loi prononce,
en ce cas, la dissolution ; séparez-vous.

Ce principe est inflexible.

Jetons, d'ailleurs, un coup-d'œil rapide
sur les caractères que le consultant assigne
à la *congrégation* dont il a dénoncé l'existence, et voyons si tous les motifs ne se réu-
nissent pas, au plus haut degré, pour faire
sentir aux magistrats la nécessité d'agir
avec vigueur et célérité.

Dans le chapitre premier de son Mémoire
à consulter, M. de Montlosier affirme « qu'il
existe une CONGRÉGATION mélangée de *religion et de politique,* qui veut à tout risque
et à tout péril donner la société au sacerdoce
et *subordonner* le pouvoir civil au pouvoir
religieux,

2

Sans doute il avoue que c'est une *puis-*
sance mystérieuse..., et comment s'en étonner,
dit-il, si « le corps s'est composé de manière
à pouvoir, quand cela lui convient, se *dissi-*
per comme une ombre? » Alors, dit M. de
Montlosier, « on s'interroge pour savoir s'il
est vrai qu'il existe une *congrégation?* »

M. de Montlosier signale cette congrégation, comme ayant une *organisation ro-*
buste, dont l'instinct, « dès qu'elle trouve un
» terrain qui lui est propre, est de s'y éten-
» dre tant par ses racines que par ses ra-
» meaux, de manière à l'envahir bientôt
» tout-à-fait. »

« Elle doit son importance à un *système*
» *particulier d'affiliations....* »

Le consultant rappelle le passé comme
étant le type de ce qui se renouvelle aujour-
d'hui. Il cite l'exemple d'une congrégation
découverte à Gênes en 1604, « où l'on pre-
» nait diverses résolutions contraires au bien
» public, et où les confrères juraient de ne
» donner leurs voix *dans l'élection des ma-*
» *gistrats*, *qu'à ceux de la confrérie.* »

M. de Montlosier regarde comme certain
que Louis XIV *s'affilia :* nous avons peine à le

croire ; un tel fait renfermerait une abdication de la royauté[1] ; car il emporterait le sacrifice de tous les devoirs qu'elle impose, et de toute l'indépendance qu'elle exige.

« En 1716, dit-il, le gouvernement apprit que dans différentes provinces, les congréganistes s'appliquaient d'une manière

---

[1] Notre assertion à cet égard est confirmée par ce discours du premier président Christophe de Thou à Henri III. Ce digne magistrat, auquel le Roi avait fait demander *ce qu'il pensait de la Ligue,* et particulièrement de l'acte par lequel il s'en était déclaré *le chef,* avait consigné sa réponse dans un mémoire dont je transcris le fragment qui suit :

« *Déjà le royaume entier retentit du bruit de la Li-* » *gue :* déjà presque toutes les villes et les provinces se » sont fait un devoir d'entrer dans cette *monstrueuse* » *association.* J'ai averti plusieurs fois Sa Majesté de se » mettre en garde contre les assemblées qui se tenaient » dans cette ville, et contre les desseins séditieux qu'on » y formait ;.... conseils peu écoutés, soins inutiles, » qui n'ont été payés que par une froide indifférence du » côté de la cour, et par la haine de presque tout Pa- » ris.... Qu'il me soit permis de le dire, le Roi, en se » déclarant le chef de la Ligue, *s'est dépouillé de la* » *Majesté royale ; il a renoncé au droit de n'avoir point* » *d'égal ; il s'est démis lui-même de cette autorité su-* » *prême que Dieu et sa naissance lui avaient donnée*

2*

particulière à gagner les soldats.... » Quel
danger pour un pays, si son armée pouvait
ainsi être soustraite à ses chefs et à ses devoirs nationaux, et si le glaive séculier pouvait être remis aux mains des ministres de
la religion ?

« Un ministre de Louis XV fut trouvé à
sa mort revêtu des insignes consacrés par les
affiliations. »

De ces premières données il résulte donc
que les anciens congréganistes s'attaquèrent
aux gouvernemens, aux rois, aux ministres,
à l'armée !

M. de Montlosier croit que les affiliations
ont été interrompues par la révolution, mais

» *sur tous ses sujets.* Quel peut être le but de ces levées
» de soldats qui se font dans les provinces au nom de
» l'union.... sinon de montrer aux Français qu'il peut
» y avoir une autorité distinguée de celle du Roi, et *as-*
» *sez puissante pour former impunément, dans le sein*
» *du royaume, un nouvel État ?....* Je laisse à Sa Ma-
» jesté, à comprendre les suites malheureuses que peut
» avoir un dessein si hardi... j'ajouterai seulement qu'on
» doit regarder ces commencemens comme un prélude,
» par lequel *les ennemis du trône veulent éprouver jus-*
» *qu'où ira la patience du Roi, et ce qu'ils peuvent*
» *se promettre pour l'avenir.* »

qu'elles n'ont pas tardé à reparaître dès le temps du consulat et sous l'empire. Il indique ce qu'on a appelé la *petite Eglise* comme étant venu renforcer la congrégation qui, dès l'année 1808, fut placée sous l'invocation de la Vierge (dénomination qu'elle portait au temps de la Ligue) et qui eut, *comme la Ligue* elle-même, ses chefs, ses officiers, son président.

M. de Montlosier affirme qu'au 20 mars les engagemens, au moins pour les hauts grades, étaient des sermens (*conjuratio*); que ces sermens étaient d'*obéissance passive*, et qu'ils étaient reçus par des jésuites.

Il attribue aux mouvemens imprimés par cette congrégation, et à la correspondance secrète qui fut organisée dans toutes les parties de la France, après l'ordonnance du 7 septembre, la méprise qui a fait supposer l'existence d'un *gouvernement occulte*.

M. de Montlosier affirme que Louis XVIII a connu l'existence de la congrégation, et il cite même la réponse de ce prince à un fonctionnaire publie qui le consultait sur l'emploi qu'il en pourrait faire pour son service : « Les corporations de cette espèce, lui répondit le Monarque, sont *excellentes pour abattre, incapables de créer.* Faites au surplus ce que vous jugerez nécessaire......»

......Plus tard « on imagina de faire entrer tout à la fois le ministère dans la congrégation, et la congrégation dans le ministère; déjà les *postes*, la *police de Paris*, sa *direction générale* avaient été données aux affiliés. »

« Il ne suffit pas à la congrégation de s'être emparée des postes, des deux polices, et d'avoir en quelque sorte soumis le ministère; sa dissémination dans toutes les parties du royaume donna lieu à un nouveau système de surveillance. L'espionnage était autrefois un métier que l'argent commandait à la bassesse; il fut commandé à la probité. Par les devoirs que la congrégation impose, on assure qu'il est devenu comme de conscience. »

« Au moyen d'une association dite de Saint-Joseph, tous les ouvriers sont aujourd'hui enrégimentés et disciplinés; il y a dans chaque quartier une espèce de centenier qui est un bourgeois considéré dans l'arrondissement. Le général en chef est l'abbé L*., jésuite-secret. Sous les auspices d'un grand personnage, il vient de se faire livrer le grand commun de Versailles. Il se propose de réunir comme dans un quartier-général, *huit à dix mille ouvriers..* »

« ..... J'ai vu à Paris des femmes de chambre et des laquais qui se disaient *approuvés* par la congrégation.

» Les villages de la campagne, les officiers de la Cour, la garde royale n'ont pu échapper à la congrégation.

» Je ne sais rien de positif sur la Chambre des pairs. Pour *la Chambre des députés*, au mois d'avril dernier (1825) le public y comptait tantôt cent trente membres de la congrégation, tantôt cent cinquante-deux. Un député, membre de la congrégation, que j'ai pu interroger, ne m'en a accusé que cent cinq. Depuis ce temps on assure que le nombre en a augmenté. »

« ...... Dans cet état, la congrégation qui remplit la capitale domine surtout les provinces. Elle forme là.... des coteries particulières ; ces coteries, épouvantail des magistrats, des commandans, des préfets et des

sous-préfets, imposent de-là au gouvernement et au ministère. »

Après avoir rapporté ce qu'il appelle *les
faits*, M. de Montlosier signale les *dangers*
qui lui paraissent en résulter. Il consacre un
chapitre entier à les faire ressortir.

« Nous ne sommes pas, dit-il, au temps
des grands malheurs, nous sommes au temps
des grands dangers. »

Qu'on ne dise point que ces dangers sont
imaginaires, que ces craintes sont chiméri-
ques : ici nous sommes heureux de pouvoir
invoquer un suffrage désintéressé. Un homme pieux, un sujet fidèle, un jurisconsulte
éclairé, le vertueux Billecocq, dans son livre
du Clergé de France en 1825, n'a pas craint
d'aborder ces redoutables questions.

Dans cet ouvrage, imprimé avant celui
de M. de Montlosier et dans une tout
autre vue, M. Billecocq parle aussi « de
» cette *congrégation* mystérieuse qui exer-
» cerait (dit-on) la plus forte influence sur
» la marche et les actes du gouvernement,
» qui disposerait de tous les emplois, en ce
» sens qu'il faudrait lui appartenir, pour
» pouvoir y aspirer avec succès. »—Une telle

association paraît à M. Billecocq une chose si monstrueuse, qu'il ne veut pas croire à son existence, malgré les apparences qui semblent la lui révéler. (Un ministre du Roi n'en avait pas encore fait l'aveu à la tribune.)

M. Billecocq ne raisonne donc que par hypothèse : « Si elle existe, dit-il, cette as- » sociation me semblerait être une *violation* » *des lois divines et humaines.* »

Sous le rapport religieux, il en donne plusieurs raisons qu'il appuie des plus graves autorités. Il ajoute ensuite : « Considérée » *sous le rapport politique*, on reconnaît » que la congrégation serait *en opposition* » *avec les lois de l'État* et avec *sa sûreté in-* » *térieure;* qu'elle y détruirait le germe de » toute émulation, et y produirait le dé-. » couragement de toutes les classes. »

Il serait trop long de suivre l'honorable jurisconsulte dans les développemens lumineux où il entre pour prouver cette proposition. Mais le passage suivant mérite une sérieuse attention :

« La *sûreté intérieure* de l'État exige que » rien n'y soit inconnu au gouvernement ; » qu'aucuns actes ténébreux ne dirigent son

» action, à l'insu même des dépositaires
» du pouvoir, ni ne la contrarient ; que tout
» se passe, dans la société civile, *en confor-*
» *mité des lois*, et que rien ne s'y passe au-
» trement. Enfin la *sûreté intérieure* serait
» continuellement menacée de tous les pé-
» rils que laisse assez entrevoir une associa-
» tion semblable, et au nombre desquels on
» doit compter, parce qu'il serait à prévoir,
» comme tous autres, *celui du changement*
» *de la forme du gouvernement, celui même*
» *du changement de la dynastie.* Si, en effet,
» le monarque ayant (toujours dans la sup-
» position faite) des données certaines sur
» l'existence de cette association, y voyant
» un désordre à réprimer, et usant, comme
» surveillant suprême de l'ordre intérieur,
» de droits que la loi lui a remis, prenait
» des mesures énergiques contre elle, les
» *conciliabules*, les *complots*, les *conspira-*
» *tions*, seraient à redouter pour lui. L'exal-
» tation de tête ou les calculs d'une am-
» bition froide, opéreraient, *sous le nom et*
» *avec le prétexte de la religion*, l'agitation
» des esprits d'abord, et bientôt le trouble
» au sein de l'Etat. Le monarque serait

» traité d'irreligieux, d'impie, que sais-je ?
» peut-être d'hérétique ! Son *trône s'ébran-*
» *lerait,* une *catastrophe* deviendrait pos-
» sible..... »

Dans de telles circonstances, un gouvernement sage peut-il négliger le soin de sa
conservation, la protection qu'il doit à ses
sujets, et le maintien de la paix publique, au
point de fermer les yeux et de se montrer
indifférent sur les suites probables de pa-
ᵣeils faits ! N'est-ce point le cas de s'écrier
avec le consul Posthumius : Jamais un si
grand mal n'a travaillé la chose publique; jamais un mal qui tînt à tant de gens et à tant
de choses: *Nunquàm tantum malum in repu-*
blicá fuit, nec ad plures, ne ad plura per-
tinens.

Et pourtant le remède est facile : il suffit
de commencer une information. A l'instant
même les chefs seront intimidés ; tous les
hommes crédules qui se sont laissé séduire
et entraîner par de fausses apparences, ap-
prenant qu'ils appartiennent à une congrégation illicite, s'en détacheront; et elle se
trouvera, pour ainsi dire, dissoute avant
que la dissolution ait été judiciairement
prononcée.

Si au contraire le mal est rebelle; si ceux qui tiennent le premier anneau de la chaîne, refusent de le laisser aller, alors la justice prononcera, et de toute manière la paix publique sera assurée, la loi recevra son exécution.

§ II.

Des Jésuites.

Les jésuites ont eu pendant long-temps une existence légale en France, et dans un grand nombre d'États de la chrétienté.

Ils ont fini par être expulsés de toutes parts.

Le pape lui-même, Clément XIV, les a supprimés par une bulle donnée à Rome, le 21 juillet 1773, *ad perpetuam rei memoriam*, fondée sur ce motif principal :

« Qu'il était à peu près impossible que,
» cette société subsistant, l'Église pût jouir
» d'une paix véritable et permanente. »

Nous ne reproduirons pas ici les qualifications sévères qui furent données aux jésuites à la suite des imputations non moins graves dont ils étaient devenus l'objet; genre de travail facile, mille fois rebattu, inutile d'ailleurs pour la solution de la question que nous agitons ici.

Nous ne rapporterons pas non plus, même en forme d'analyse, le texte des nombreux arrêts par lesquels les principaux parlemens du royaume ont successivement ordonné la suppression des établissemens des jésuites dans l'étendue de leurs divers ressorts. Il suffit de savoir que ces arrêts existent, et qu'ils ont prononcé avec toute l'autorité de la chose jugée sur le mérite intrinsèque de l'institut. Sans influence légale sur un fait postérieur, puisque la chose jugée ne régit que le passé, ils demeurent comme un monument respectable que recommandent à l'attention de la postérité la droiture, la science, les sentimens religieux et monarchiques des magistrats qui les ont rendus. C'est la leçon du passé, la voix de l'histoire qui se font entendre par les organes les plus imposans!

Mais nous rapporterons en entier comme LOI DE LA MATIÈRE l'édit de Louis XV, du mois de novembre 1764, enregistré au Parlement de Paris, le 1er décembre suivant, *toutes les Chambres assemblées, la Cour suffisamment garnie de Pairs*, portant suppression de la société des jésuites en France.

Cet édit est ainsi conçu :

« Louis par la grâce de Dieu, roi de France et de Navarre, à tous présens et à venir, salut. *Nous nous sommes fait rendre un compte exact de tout ce qui concerne la société des jésuites*, et nous avons résolu de faire usage du droit qui nous appartient essentiellement, en expliquant nos intentions à ce sujet. A ces causes, et autres à ce nous mouvant, *de l'avis de notre conseil*, et de notre certaine science, pleine puissance et autorité royale, nous avons dit, statué, ordonné; et par notre présent édit, *perpétuel et irrévocable*, disons, statuons, ordonnons, voulons et nous plaît, QU'A L'A-VENIR LA SOCIÉTÉ DES JÉSUITES N'AIT PLUS LIEU DANS NOTRE ROYAUME, pays, terres et seigneuries de notre obéissance; permettant néanmoins à ceux qui étaient dans ladite société de *vivre en particulier dans nos États*, sous l'autorité spirituelle des ordinaires des lieux, *en se conformant aux lois de notre royaume*, et se comportant en toutes choses comme nos bons et fidèles sujets;

voulons en outre que toutes procédures cri-
minelles , qui auraient été commencées à
l'occasion de l'institut et de la société des jésuites, soit relativement à des ouvrages imprimés ou autrement contre quelque personne
que ce soit, et de quelque état, qualité et
condition qu'elles puissent être , circonstances et dépendances, soient et demeurent
éteintes et assoupies , imposant silence à cet
effet à notre procureur-général.

» Si donnons en mandement à nos amés et
féaux conseillers les gens tenant notre Cour
de parlement, que le contenu en notre présent édit, ils aient *à faire exécuter,* nonobstant tous édits , déclarations, arrêts , réglemens et autres choses à ce contraires, auxquels nous avons, en tant que de besoin ,
dérogé et dérogeons par notre présent édit,
car tel est notre plaisir; et afin que ce soit
chose *ferme et stable à toujours,* nous y avons
fait mettre notre scel. Donné à Versailles, au
mois de novembre, l'an de grâce 1764 , et
de notre règne le cinquantième. *Signé* Louis,
et scellé du grand sceau de ciré verte , en
lacs de soie rouge et verte.

» REGISTRÉ, ouï, ce requérant le procureur-général

du Roi pour *être exécuté selon sa forme et teneur,*
et copies collationnées envoyées aux bailliages et sé-
néchaussées du ressort, pour y être lu, publié et registré ; enjoint *aux substituts du procureur-général
du Roi d'y tenir la main,* et d'en certifier la Cour
dans le mois, suivant l'arrêt de ce jour. A Paris, en
parlement, *toutes les Chambres assemblées, la Cour
suffisamment garnie de pairs,* le 1er décembre 1764.

» *Signé,* Dufranc. »

Un arrêt du parlement de Paris du
5 mai 1767, rendu pour assurer d'autant
l'exécution de cet édit, défend aux ci-
devant jésuites, de vivre désormais, *à quelque titre et sous quelque dénomination que
ce puisse être, sous l'empire de leurs anciennes constitutions et institut.*

Un édit de Louis XVI, donné à Versailles,
et registré au parlement de Paris le 13 mai
1777, *concernant les sujets du Roi qui étaient
engagés dans la société et compagnie des jésuites* [1], est venu compléter ces dispositions.

Dans le préambule, le Roi rappelle le texte
de l'édit du mois de novembre 1764. Il

[1] Voyez le Recueil de M. Jourdan, Ordonnances
des Bourbons, règne de Louis XVI, tom. 3, pag. 1.

ajoute : « Ces sages précautions, ayant opéré
» *sans retour* l'extinction totale de cette so-
» ciété et compagnie dans notre royaume,
» son anéantissement et l'extinction absolue
» de son régime dans tous les États catholi-
» ques, ne laissent plus aucun espoir qu'elle
» puisse jamais être rétablie. Dans ces circons-
» tances, nous avons résolu d'expliquer nos
» intentions sur les moyens qui nous ont paru
» les plus convenables, pour faire participer
» les ecclésiastiques qui ont été membres de
» ladite société et compagnie, d'une manière
» plus parfaite aux effets de la bienveillance
» et de l'amour dont nous sommes rempli
» pour tous nos sujets, *en prenant néanmoins*
» *les précautions que notre sagesse exige*
» *pour éviter tout ce qui pourrait troubler*
» *l'ordre et la tranquillité que nous voulons*
» *maintenir dans notre royaume :*

 » A ces causes, etc.

 » Art. 1ᵉʳ..... Les ci-devant jésuites conti-
» nueront de vivre dans nos États comme
» particuliers, sous l'autorité spirituelle des
» ordinaires des lieux, en se conformant aux
» lois du royaume.

 » 2. *Ils ne pourront se réunir pour vivre*

» *plusieurs ensemble, en société, sous quelque*
» *prétexte que ce puisse être.*

» 3. Nous leur faisons expresses inhibitions
» et défenses d'avoir ni entretenir *aucun com-*
» *merce ni aucune correspondance* ' avec les
» étrangers qui auraient été de ladite société
» et compagnie, surtout avec ceux qui au-
» raient eu ci-devant quelque autorité dans
» ladite société.

» 4 et 5. (Ils ne pourront être curés ni vi-
» caires dans les villes, mais seulement dans
» les campagnes.)

» 6. *Ne pourront néanmoins exercer les*
» *fonctions de supérieurs de séminaires, de*
» *régens dans les colléges, ni autres relatives*
» *à l'éducation publique.*

» 7. Voulons que l'édit du mois de novem-
» bre 1764, ensemble notre présent édit,
» soient exécutés dans toutes leurs disposi-
» tions, nonobstant tous réglemens et ar-
» rêts à ce contraires, auxquels nous avons
» dérogé et dérogeons par le présent édit.

» Si, donnons en mandemens à nos amés
» et féaux conseillers, etc. »

' Voyez Code pénal de 1810, art. 207 et 208.

L'arrêt d'enregistrement est en outre à la charge par les ci-devant jésuites , de ne pouvoir être pourvus de bénéfices, sans, au préalable, « faire la soumission de maintenir » et professer les libertés de l'église gallicane, » et notamment les quatre articles de la dé- » claration de 1682.

Le parlement avait encore ajouté d'autres conditions, notamment celle de se retirer dans les diocèses de leur naissance, et de ne pouvoir résider ailleurs.

Mais Louis XVI, en remerciant le parlement de son zèle, trouva que cette disposition était trop rigoureuse, et qu'elle allait au-delà de ses intentions exprimées dans son édit du 13 mai. En conséquence, il donna le 3 juin une déclaration interprétative, qui fut enregistrée le 10 sans modification, et dans laquelle il répète de nouveau, que l'extinction de ladite société ayant été ordonnée par l'édit du 9 novembre 1764, et « le régime de » ladite société et compagnie ayant été » anéanti dans tous les États catholiques de » l'Europe, *par un concert unanime de tou-* » *tes les puissances*, il n'est *plus possible* » *qu'elle soit jamais rétablie.* » — Le Roi rappelle ensuite ce qu'il a fait pour le bien-être des individus, en prenant toutefois *de justes précautions*, afin de conserver le repos des familles et la paix publique : « Nous avons » pensé, dit le monarque, *qu'il était de no-* » *tre sagesse de leur interdire toutes fonctions* » *relatives à l'éducation publique ;* mais nous » ne pouvons permettre que notre Cour » étende cette exclusion au-delà des termes » de notre édit, d'autant *que les juges ordi-* » *naires ne peuvent être privés du droit de ré-* » *primer,* suivant les lois et ordonnances, » ceux qui abuseraient de leurs talens, *et qui* » *contreviendraient aux* lois du royaume. A » l'égard de la soumission de maintenir et » professer les libertés de l'église gallicane, » et notamment les quatre articles de la dé- » claration de 1682, nous avons estimé con- » venable de confirmer cette disposition de » l'arrêt de notredite Cour, comme conforme » aux ordonnances des rois nos prédéces- » seurs.

» A ces causes, etc. Nous avons, par ces » présentes signées de notre main, dit, dé- » claré et ordonné, disons, déclarons et or- » donnons, voulons et nous plaît, que l'édit

» du mois de novembre 1764, ensemble no-
» tre édit du mois de mai dernier, seront
» exécutés selon leur forme et teneur. En
» conséquence, et conformément à iceux, les
» ecclésiastiques y mentionnés pourront ,
» ainsi que les autres ecclésiastiques séculiers
» de notre royaume, résider hors du diocèse
» de leur naissance, lorsqu'ils en auront ob-
» tenu la permission de leur évêque : pour-
» ront posséder toutes dignités , canoni-
» cats et prébendes dans les cathédrales et
» collégiales, *autres néanmoins que celles qui*
» *ont charge d'ames , ou dont les fonctions*
» *sont relatives à l'éducation publique,* que
» nous leur avons *interdit* par notredit édit....
» Voulons que ceux qui voudront exercer les
» fonctions de vicaires dans les paroisses
» de campagne, ne puissent exercer les-
» dites fonctions, sans avoir préalablement
» fait leur soumission de se conformer à l'é-
» dit de novembre 1764, ensemble à notre
» édit du mois de mai dernier, et à notre
» présente déclaration, et de maintenir et
» professer les libertés de l'église gallicane,
» et notamment les quatre articles de la dé-
» claration de 1682, etc. »

Ainsi : 1°. Plus de jésuites, comme corps de société ;

2°. Paix aux jésuites, vivant, sous l'empire des lois, comme sujets fidèles et simples citoyens ;

3°. Interdiction spéciale de se mêler en rien de l'éducation publique.

Voilà la législation antérieure à la révolution.

C'est en rappelant cet état de choses, que M. le vicomte Laisné disait à la Chambre des pairs, le 4 juillet dernier, au sujet de cette compagnie :

« Les édits l'ont abolie, elle a été frappée
» par les lois de toute l'Europe catholique,
» par les lois même des contrées où la phi-
» losophie n'avait pas et n'a pas même en-
» encore répandu ses erreurs ; en sorte qu'il
» y a une sorte de *droit des gens* établi. La
» justice a fait entendre contre elle tous ses
» oracles, en sorte qu'il y a autorité de la
» *chose jugée* la plus solennelle. L'impiété
» n'a pas eu tous les peuples, tous les rois,
» et le Pape même pour complices. »

Aucune loi postérieure n'a dérogé à cet ordre de choses. Loin de là, les lois portées depuis 1789, ont étendu à tous les ordres religieux , à toutes les congrégations et associations ayant la religion pour cause ou pour prétexte, la suppression ou dissolution prononcée contre les seuls jésuites par l'édit de 1764.

Telle est d'abord la constitution-loi du 14 septembre 1791, laquelle a déclaré, d'une manière générale et absolue, ne plus reconnaître de vœux religieux.

Telle est ensuite la loi du 18 août 1792, déjà citée sous le paragraphe précédent.

Ainsi les jésuites ont contre eux, et la généralité des lois qui ont aboli tous les ordres et toutes les congrégations, et la spécialité des arrêts et des édits qui les concernent nominativement.

Continuons.

Nous avons déjà dit qu'en 1804, les jésuites ayant cherché à se reproduire sous les noms déguisés de *pères de la foi*, *paccanaristes*, etc., etc.; un décret spécial, celui du 3 messidor an XII, avait ordonné de les dissoudre. Il est essentiel de rappeler les principales dispositions de ce décret :

Art. 1er. « A compter du jour de la pu-

» blication du présent décret, l'agrégation
» ou association connue sous le nom de
» *pères de la foi*, *d'adorateurs de Jésus*, ou
» de *paccanaristes*, actuellement établie à
» Belley, à Amiens, et dans quelques autres
» villes de l'Empire, SERA ET DEMEURERA DIS—
» SOUTE.

» Seront pareillement *dissoutes* toutes
» autres agrégations ou associations for—
» mées sous prétexte de religion et non au—
» torisées.

» 2. Les ecclésiastiques composant lesdites
» agrégations ou associations ,. se retire—
» ront, sous le plus bref délai, dans leurs
» diocèses, pour y vivre conformément aux
» lois et sous la juridiction de l'ordinaire.

» 3. Les lois qui s'opposent à l'admission
» de tout ordre religieux dans lequel on se
» lie par des vœux perpétuels, *continueront*
» *d'être exécutées suivant leur forme et te—*
» *neur.* »

Ce décret est parfaitement légal ; il n'éta-
blit pas de dispositions nouvelles ; il est dans
les termes des lois existantes dont il a eu
pour but d'assurer l'exécution en ordon-
nant la dissolution d'un ordre religieux dont

ces lois avaient prescrit la suppression.

On peut s'étonner, au premier coup-d'œil, que les législateurs anciens et modernes se soient contentés de prononcer la simple peine de *dissolution*.

Mais, en y réfléchissant, on voit en effet que cette peine est la seule efficace, et qu'elle suffit au but qu'elle se propose; c'est le *spécifique* contre le mal qu'il s'agit d'empêcher.

La dissolution, en pareil cas, est *la peine de mort*, puisqu'un corps, une société, une compagnie quelconque n'existe que par l'agrégation et la réunion de ses membres.

Cette séparation opérée, il ne reste plus que des individus, de simples citoyens, qui peuvent être personnellement dignes de l'estime publique, et qui doivent jouir immédiatement de toute la protection des lois, en s'y conformant.

C'est ainsi que La Chalotais recevait dans sa maison un jésuite, après que le procureur-général au parlement de Rennes avait conclu à la suppression de la compagnie.

D'ailleurs, cette peine générale de dissolution ne fait point obstacle aux *poursuites extraordinaires*, qui, de droit commun, sont autorisées et que l'art. 6 du décret précédent, enjoint spécialement aux procureurs-généraux d'intenter *suivant l'exigence des cas ;* c'est-à-dire, si, au fait général d'association en corps non autorisée, se joignaient des délits ou crimes spéciaux, dont le corps ou les membres se seraient rendus coupables, soit envers l'État, soit envers les citoyens.

Le Code pénal de 1810 n'a rien ajouté à cette législation. L'art. 291, quelque général qu'il soit dans ses termes, atteindrait difficilement les jésuites, habiles qu'ils seraient à se soustraire au concours de circonstances que cet article exige pour recevoir son application.

D'ailleurs, cet article et ceux dont il est suivi, nous paraissent avoir eu en vue tout autre chose que l'intrusion ou le rétablissement des ordres religieux. Autrement, si cet article était applicable, il en résulterait qu'une autorisation administrative suffirait pour rendre légale l'existence des jésuites ou de tout ordre religieux : ce qui serait contraire à tous les principes.

Ce dernier genre de contravention est suffisamment garanti et réprimé par les lois spéciales que nous avons rappelées, et qui se trouvent maintenues par l'article dernier (484) du Code pénal, portant que « dans toutes » les matières qui n'ont pas été réglées par » le présent Code, et qui sont régies par des » lois et réglemens particuliers, les Cours et » Tribunaux continueront de les observer. »

Les lois générales sur l'établissement des gens de main-morte, l'édit de 1764 et celui de 1777, la loi du 14 septembre 1791, celle du 18 août 1792, le décret du 3 messidor an XII, qui prononcent uniformément la dissolution des corporations, congrégations et associations religieuses non autorisées, et notamment la suppression de la société dite de Jésus, sont donc *essentiellement les lois de la matière;* avec recommandation expresse à *l'autorité judiciaire,* dans la personne des *procureurs-généraux,* d'y tenir la main.

La Charte a trouvé les choses en cet état, et l'article 68 a déclaré positivement que les lois alors en vigueur y resteraient, jusqu'à ce qu'il y fût légalement dérogé : et pour cela une ordonnance ne suffirait pas, il faudrait une loi.

Aussi, lorsqu'on a voulu rétablir les congrégations et communautés de femmes, il a fallu une loi expresse ; celle du 24 mai 1825, qui, en permettant leur rétablissement, en a réglé les formes et a ainsi donné à la société les garanties dont aucun État civilisé ne saurait se départir sans abdiquer ou compromettre sa propre souveraineté.

Mais cette loi, spéciale pour le rétablissement des communautés de *femmes*, confirme par-là même la suppression, l'exclusion des congrégations *d'hommes*, prononcées par toutes les lois précitées.

Si donc une corporation, une compagnie, une société quelconque, entreprend de se rétablir de son autorité privée, ELLE BRAVE LA LOI, elle se met au-dessus d'elle ; elle encourt immédiatement la peine de la dissolution.

Telle est la position des jésuites en France.

Séparés aux cris de *sint ut sunt, aut non sint*, ils reparaissent aujourd'hui *tels qu'ils étaient* à l'époque où leur suppression fut prononcée.

Une bulle de Pie VII les a rétablis ! Mais une bulle du Pape est impuissante en France ;

elle y est sans force d'exécution , tant qu'elle n'a pas été admise et reçue par l'autorité compétente [1]. Cette bulle est donc là seulement *pour attester en point de fait, que les jésuites d'aujourd'hui sont les mémes que les jésuites d'autrefois.*

Mais, par-là même aussi, ils se trouvent replacés sous le coup de toutes les dispositions législatives et judiciaires, qui, dans l'ordre civil , ont prononcé la dissolution de leur compagnie.

Il ne s'agit point ici de tel ou tel jésuite pris isolément. Sous ce point de vue ils seraient dans les termes de l'édit de 1764, qui leur « permet de vivre en simples particuliers » sous l'autorité spirituelle des ordinaires » des lieux, en se conformant aux lois du » royaume, et se comportant en toutes cho— » ses comme bons et fidèles sujets. » Ce n'est point là un privilége qui leur soit accordé ; c'est le droit de tout homme qui , en se conformant aux lois, peut compter sur leur protection. Ainsi, un dominicain espa-

[1] Libertés de l'Eglise gallicane , 2ᵉ édit., pag. 207.

gnol, muni de passeport, pourrait, en toute
sûreté, traverser la France , sans qu'on fût
autorisé à voir en lui le personnel de l'In-
quisition !

Mais si des jésuites sont réunis *en corps
de maison*, et s'ils y vivent *sous l'empire de
leurs anciennes constitutions et de leur institut*, ils sont en PLEINE CONTRAVENTION A LA
LOI, en pleine révolte contre les arrêts.

Or, tel est précisément le point de vue
sous lequel M. de Montlosier a dénoncé l'existence des jésuites. « Je dénonce, dit-il, à la
» Cour royale et à M. le Procureur-général,
» l'existence flagrante d'un *établissement jé-
» suitique* appelé de *Montrouge*, situé dans
» la banlieue de Paris, en infraction des
» lois anciennes et nouvelles du royaume,
» qui ont proscrit les ordres monastiques,
» et particulièrement l'ordre de la société de
» Jésus. »

Il n'y a donc pas à équivoquer sur le caractère du fait dénoncé.

Déjà, dans son mémorable arrêt du 3 décembre 1825, la Cour royale elle-même a
proclamé comme principe que « ce n'était
» pas abuser de la liberté de la presse que

» de discuter et de *combattre l'introduction*
» *et l'établissement dans le royaume de tou-*
» *tes les associations non autorisées par les*
» *lois.* »

Le second arrêt (celui du 5 décembre) a
été plus loin, et a admis comme circons-
tance atténuante dans la cause du *Courrier*,
le fait positif de *l'introduction en France de
corporations religieuses* DÉFENDUES PAR LA
LOI.

La Cour n'avait à juger alors que la cause
des journaux. Aujourd'hui il ne s'agit plus
d'une simple généralité; tout est particula-
risé par la plainte : il existe une contravention, un délit flagrant, à vos portes; je vous
le dénonce ; agissez en vertu de la loi.

Invoquerait-on par hasard cette singu-
lière doctrine que les jésuites ne sont que
tolérés; ce qui impliquerait comme principe
que l'on peut ainsi *tolérer* ce que la loi *défend,* et fermer les yeux à titre de *conni-
vence?*

Cette objection a déjà reçu une éclatante
réfutation à la tribune de la Chambre des
pairs, de la part de M. le baron Pasquier
(nom dès long-temps redoutable aux jé-

suites !) Répondant à M. l'évêque d'Hermo-
polis, le noble pair s'exprimait en ces termes :
« *Tolérée!* L'emploi de ce mot est bien grave,
» nobles pairs, dans une telle matière , et
» dans la bouche d'un ministre qui parle
» au milieu d'un ordre légal et constitution-
» nel. On peut ainsi , selon sa doctrine , *to-*
» *lérer une existence qu'on a formellement*
» *reconnu ne pouvoir être autorisée que par*
» *une loi ;* et ici il m'est permis , suivant
» l'exemple qui en a été donné par le noble
» Prélat , de rappeler ce qui a été dit à cet
» égard , et dans cette Chambre , par lui-
» même , pendant deux sessions de suite ,
» lors de la discussion sur les communautés
» religieuses de femmes. Il demandait alors,
» pour le gouvernement , la faculté d'auto-
» riser, par ordonnances, les communautés
» religieuses de femmes, et il affirmait hau-
» tement, sans nulle hésitation , que ce qui
» serait accordé pour ces communautés, ne
» pourrait être d'aucune conséquence pour
» les *communautés d'hommes , qui reste-*
» *raient incontestablement assujetties à ne*
» *pouvoir acquérir leur existence en France*
» *que par une autorisation donnée* EN FORME

» DE LOI ; et voilà cependant qu'avec l'aide
» de l'emploi du mot *tolérer*, ce qui ne doit
» pouvoir exister en France que par l'auto-
» rité de LA LOI, existe *de fait* par une tolé-
» rance qui remplace la loi, qui n'est ce-
» pendant écrite et signée nulle part, dans
» aucun acte patent de l'autorité, et qui se
» trouve seulement avoué par un ministre
» à la tribune des deux Chambres! Cet état
» de choses est du moins bien extraordi-
» naire, et le silence qui paraîtrait y avoir
» donné le moindre assentiment, serait lui-
» même un silence bien dangereux. »

Nous allons plus loin. Devant la Cour
royale, il ne s'agit pas seulement de répon-
dre à un discours ministériel par une élo-
quente protestation : il s'agit de la *dénonciation légale d'un fait précis ;* il s'agit de
savoir s'il y aura action ou inaction? répres-
sion ou impunité? exécution ou violation
permanente de la loi?

Amenée à ce terme, la question ne peut
être douteuse pour une Cour royale. Les
magistrats sont surtout persuadés de cette
vérité, que *le salut de l'État dépend de la
stricte exécution des lois.*

4

Le Dauphin, père de Louis XV, en était profondément convaincu, lorsqu'il disait que « toutes les lois, et surtout celles qui con- » cernent l'ordre public et la police géné- » rale du royaume, doivent être en vigueur; » et qu'il vaudrait mieux abroger une loi » utile que de la laisser subsister sans tenir » la main à son exécution [1] »

En effet, le mépris que l'autorité elle-même témoignerait pour une loi qu'elle né-gligerait de faire exécuter, inviterait bientôt le peuple à mépriser à son tour les lois qui lui déplaisent ; et les gens de bien auraient peine à concilier dans leur esprit, avec l'idée de justice, la sévérité des mesures contre les fédérés et le carbonarisme, et l'inexé-cution des lois contre les jésuites et les con-grégations.

« Charlemagne fit d'admirables lois; *il fit* » *plus ;* il les fit exécuter ! » dit Montes-quieu [2].

Le Roi de France, à son sacre, jure de

---

[1] Vie du Dauphin, pere de Louis XV, tom. 1, pag. 434.

[2] Esprit des lois, liv. 31, chap. 18.

gouverner conformément aux lois; son gouvernement ne peut donc pas tolérer ce que la loi défend.

Les magistrats qui rendent la justice à la décharge de leur conscience, jurent aussi d'observer les lois, *et de les faire observer :* c'est dire assez qu'en présence d'une dénonciation qui les met en demeure de réprimer une infraction aux lois, ils sauront en procurer la fidèle exécution.

Ce n'est point là s'immiscer dans l'exercice *du pouvoir législatif,* c'est rester fidèle au premier devoir du *pouvoir judiciaire.*

§ III.

De l'Ultramontanisme.

Il est constant, en fait, que, depuis quelques années, on a vu ressusciter les *doctrines ultramontaines,* en opposition avec les *libertés de l'Église gallicane.*

L'arrêt de la Cour royale, du 5 décembre 1825, parle positivement de ces *doctrines ultramontaines,* comme *professées hautement depuis quelque temps par le clergé français ;* et l'on est forcé de reconnaître, avec ce même arrêt, que la propagation de ces

doctrines *pourrait mettre en péril les libertés
civiles et religieuses de la France.*

Sous ce point de vue, le gouvernement
français, la nation entière ont le plus haut
intérêt à arrêter la propagation de ces doctrines pour les empêcher de prévaloir sur
les libertés de l'Église et de l'État.

Mais est-ce à dire, pour cela, que l'ultramontanisme, en soi, puisse devenir la matière d'une dénonciation judiciaire?

Considérée comme simple opinion, on peut
déplorer l'erreur des Français, ecclésiastiques ou laïcs, qui sont atteints d'ultramontanisme; on peut désirer de les éclairer,
de les ramener; *je pense* avec M. Billecocq, dans son ouvrage déjà cité, que
la majeure partie du clergé de France
est exempte de ces erreurs, et qu'elle saura
toujours s'en garantir. M. l'abbé de La Mennais a trouvé de puissans antagonistes [1] dans
l'ordre même auquel il appartient : voilà le
premier remède au mal dont il s'agit.

---

[1] Voyez, par exemple, l'Antidote contre les Apho-
rismes de M. de La Mennais, par le savant abbé
Boyer, professeur de théologie, directeur de séminaire.

Du reste, l'ultramontanisme pur ne cous-
titue pas en soi un délit qui puisse être dénoncé ou poursuivi, à moins qu'il ne passe
des opinions dans les *actes*, et qu'il ne se
manifeste par des *faits* répréhensibles, tels ,
par exemple, que des prédications, des
écrits ou des enseignemens publics contraires
aux lois.

A cet égard, on doit accorder une sérieuse
attention à tout ce que dit M. de Montlosier
dans son *Mémoire à consulter*, relativement
à la déclaration de 1682 ; et à sa Dénonciation elle-même, dans le paragraphe où il
s'exprime ainsi : « Je dénonce *l'omission* qui
» a lieu généralement dans les écoles et dans
» les séminaires, de *l'enseignement des quatre*
» *articles de la déclaration de* 1682, en con-
» travention aux anciennes lois et aux or-
» donnances de nos rois. »

Tout ceci néanmoins exige des explications
et des distinctions.

Nous ne prétendons pas, comme on a
essayé de le faire dans ces derniers temps ,
soumettre la déclaration de 1682 à la *contro-*
verse, et la reléguer ainsi au rang des thèses
problématiques.

Pour nous, la déclaration de 1682 est LOI DE L'ÉTAT.

Elle est *loi de l'État*, non en ce sens que le clergé ait pu faire une loi de l'État, ni que l'assemblée du clergé de France ait imaginé ou créé une doctrine : il n'a fait, comme le mot l'indique, que *déclarer* la doctrine de l'Église gallicane sur les quatre points contenus dans la Déclaration. — Mais l'autorité temporelle est venue donner à la Déclaration du clergé le caractère de *loi*, en se l'appropriant. Tel a été l'objet de l'édit de Louis XIV du 23 mars 1682, qualifié d'*irrévocable* et dûment *enregistré ;* lequel, par son article premier, défend *d'enseigner ou d'écrire aucune chose* CONTRAIRE *à la doctrine contenue en cette déclaration.*

L'arrêt du conseil d'État du 24 mai 1766, en a formellement rappelé les maximes. « Voulant, dit S. M., que les quatre propo-
» sitions arrêtées en l'assemblée des évêques
» de notre royaume, convoquée extraor-
» dinairement à cet effet, et les maximes
» qui y sont reconnues et consacrées, soient
» *inviolablement observées* en tous ses États,
» et *soutenues* dans toutes les universités ,

» séminaires et corps enseignans , ainsi qu'il
» est *prescrit* par l'édit de 1682 ; faisant *dé-*
» *fenses* à tous ses sujets de quelqu'état et
» condition qu'ils soient , de rien *entre-*
» *prendre, soutenir, écrire , composer, im-*
» *primer, vendre ou distribuer directement*
» *ou indirectement qui soit* CONTRAIRE AUX-
» DITES MAXIMES. »

Plusieurs arrêts de réglement ont rappelé cette déclaration comme *loi de l'Etat,* notamment ceux du parlement de Paris des 29 janvier, 23 juin, 10 décembre 1683, 14 et 20 décembre 1695.

Un décret du 25 février 1810 a ordonné une nouvelle promulgation de l'édit du 23 mars 1682, comme *loi générale de l'Empire.*

Le concordat de 1801 et la loi de germinal an X ont de nouveau *prescrit l'ensei-gnement de la Déclaration.*

La Cour royale de Paris, par son arrêt du 3 décembre 1825, a aussi parlé de la déclaration de 1682, comme ayant *toujours été reconnue et proclamée loi de l'Etat.*

Toutes les fois que les tribunaux ont été appelés à l'appliquer dans les causes qui leur étaient soumises, ils l'ont fait dans le sens

que cette déclaration conservait toute la force
que lui avaient communiquée les édits, lois et
décrets qui s'y rattachent, et les magistrats
en ont toujours parlé comme étant, cette déclaration, *l'une des bases fondamentales de
notre droit public* [1].

En raison même de ce que la Charte a dit
que *la religion catholique est la religion de
l'Etat,* elle a fait revivre toutes les garanties
antérieures de l'Etat, contre les entreprises ou
les erreurs préjudiciables à l'indépendance
de l'autorité publique.

Il faut donc tenir, pour maxime certaine,
que la Déclaration et les textes législatifs ou
judiciaires qui s'y rattachent conservent la
même force qu'autrefois.

Cependant il faut distinguer:

1°. Quant au droit de surveiller et d'exiger
l'enseignement des quatre propositions, autrefois délégué aux procureurs-généraux, il
a été, par suite des modifications qu'a éprou-
vées la division des pouvoirs, transporté à
l'administration. Ce droit est aujourd'hui

---

[1] Discours de M. Belleyme, lors de son installa-
tion comme procureur du Roi.

dans le domaine du ministre de l'instruction publique et du ministre de l'intérieur, sauf leur responsabilité, qui est grave en cette matière, à cause de l'extrême danger qu'il y aurait à élever les ecclésiastiques dans des principes opposés aux maximes de notre droit public. Ainsi, la Dénonciation s'il y a lieu, devrait, en cette partie, être adressée aux Chambres chargées d'accuser et de juger les ministres.

2°. Mais, si ceux qui doivent enseigner les principes de la Déclaration ou qui écrivent sur ce sujet, passent jusqu'à enseigner et recommander des maximes *contraires*, notamment à l'article 1ᵉʳ qui intéresse principalement les droits du Roi, l'indépendance de la couronne et la paix du royaume; alors, il y a *délit*, et le prédicateur, l'écrivain ou le professeur peuvent être poursuivis, en vertu de l'article 2 de la loi du 25 mars 1822, et des articles 3 et 6 de la loi du 17 mai 1819, dont l'application vient d'être faite récemment à M. l'abbé de La Mennais, par le tribunal de police correctionnelle.

Mais *l'adresse au Roi*, signée par plusieurs évêques de France, est-elle dans ce cas, et at-elle pu être comprise dans la Dénonciation de M. le comte de Montlosier? — Nous ne le pensons pas.

D'abord, la plupart de ces prélats sont pairs de France, et sous ce premier point de vue, *ratione personæ*, ne sont point justiciables de la Cour royale, mais seulement de la Cour des pairs.

. En second lieu, et *ratione materiæ*, l'adresse dont il s'agit ne nous paraît pas susceptible d'être incriminée.

Sans doute, il n'a pas pu venir à la pensée des signataires qu'ils eussent qualité pour rapporter, modifier ou remplacer en aucune manière la déclaration de 1682. Ces prélats n'étaient point constitués en *assemblée du clergé :* ils n'étaient ni *convoqués* par le Roi, ni *députés* par le clergé ; deux conditions sans lesquelles leur réunion ne pouvait avoir de caractère public. On ne peut donc voir dans cette Adresse, comme l'a très-bien dit Me Berryer fils dans son plaidoyer pour M. l'abbé de La Mennais, que *la déclaration de prélats, en contravention à la loi de la résidence.*

D'ailleurs cette Adresse n'a rien en soi de

contraire à la déclaration de 1682. Elle ne la rappelle pas; mais elle ne la dément point. On y insiste plus particulièrement sur l'article 1ᵉʳ comme intéressant plus spécialement l'ordre temporel et la souveraineté; mais on ne censure point les trois autres propositions. La déclaration de 1682 demeure donc toujours dans son entier; *manet inconcussa*, comme le disait Bossuet de la déclaration de la faculté de théologie de 1663. Il est plus conforme à la saine politique et à la charité de l'interpréter en ce sens, que d'y voir, par interprétation, un acte opposé à la déclaration de 1682 et aux édits qui ont rendu cette déclaration loi de l'Etat. Réduite à ces termes, l'Adresse n'offre aucun danger. Si plus tard on y attachait un autre sens, il serait toujours temps de la combattre; on ne prescrit point en pareille matière. *Abusus perpetuò clamat.*

§ IV.

De l'Esprit d'envahissement des prêtres.

Il y a toujours eu et il y aura toujours, dans chaque ordre, dans toute corporation,

des hommes plus ou moins zélés pour l'honneur et les intérêts bien ou mal entendus du
corps auquel ils appartiennent; des esprits
ardens qui, de bonne foi, croyant agir ainsi
pour le mieux, ou par ambition, car elle se
glisse dans tous les états et dans toutes les
professions, voudront, par tous les moyens
qui seront à leur disposition, accroître leurs
prérogatives, leur importance, leurs riches-
ses, leur pouvoir.

Ainsi l'on admet avec M. de Montlosier
que plusieurs membres du clergé, un grand
nombre même voudraient voir l'ordre religieux prédominer sur l'ordre civil.

Il est à désirer qu'ils ne réussissent pas; et
cela dans l'intérêt même de la religion, qui
perd toujours à se mêler aux choses tempo-
relles, s'exposant ainsi à toutes les atteintes,
à toutes les variations dont elles sont susceptibles.

Mais est-ce à dire, pour cela, que l'on
doive voir, dans le mouvement que se don-
nent certains ecclésiastiques pour arriver à
cette fin, une sorte de conjuration qui puisse
devenir l'objet de poursuites judiciaires? —
Assurément, non.

Le véritable remède est indiqué par
M. de Montlosier lui-même, page 141 du
volume qu'il vient de publier en dernier
lieu. Il s'y exprime en ces termes : « Il est
» naturel aux hommes d'être avant tout aux
» intérêts qui leur sont propres. Qu'un prê-
» tre enflammé de zèle pour la piété cher-
» che à la propager, et mette en action à
» cet effet tous les moyens qui sont en son
» pouvoir ; qu'un gentilhomme, tout rempli
» des sentimens de la chevalerie, voie dans
» une monarchie la noblesse avant tout et
» par-dessus tout ; qu'un émigré, échappé
» des massacres de Lyon ou de Quiberon,
» veuille se placer comme une espèce de
» martyr auprès des princes qu'il a servis et
» qu'il a chéris : il n'y a dans ces disposi-
» tions, en soi, rien qui puisse être im-
» prouvé ; *seulement, l'État doit étre en*
» *garde auprès de ces dispositions, à*
» *l'effet de* LES CONTENIR ET DE LES TEM-
» PÉRER. »

Voilà précisément ce qu'il convient de
faire. Ce désir supposé aux prêtres en général et à leurs adhérens, de faire prévaloir le régime théocratique sur le pouvoir

civil, ne peut être criminel tant qu'il demeure renfermé dans les termes extatiques
de simples vœux, de simples opinions. Il ne
pourrait devenir coupable qu'autant qu'il
se manifesterait au-dehors par des actes
qualifiés crimes ou délits par nos lois ; par
exemple, par des ligues, des congrégations
pour supplanter ou contrebalancer le pouvoir légitime ; et nous avons déjà vu quel
était en ce cas le remède légal. Jusque-là,
ces projets, ces désirs d'envahissement de
la part de ce que M. de Montlosier nomme
le *parti-prêtre*, ne constituent qu'une influence, fâcheuse sans doute si on peut la
supposer générale, mais que le gouvernement, s'il est sage, et les bons citoyens, par
zèle pour la chose publique, doivent se bor-
ner à conjurer par une influence contraire :
n'employant à cette fin que des moyens
moraux capables de diriger, d'éclairer et
de rectifier les opinions, et non des moyens
répressifs dont la loi n'autorise pas l'emploi
contre des désirs ou des opinions.

Quant aux *cinq cents faits* dont parle
M. de Montlosier, il faut laisser aux particuliers que ces faits peuvent concerner, le soin

de s'en plaindre eux-mêmes. Ces faits, en effet, ne sont point du nombre de ceux qui peuvent devenir la matière d'une dénonciation populaire. D'ailleurs, le genre de plainte auquel ils pourraient donner lieu serait l'*appel comme d'abus ;* or, malheureusement, les tribunaux sont, quant à présent, incompétens pour en connaitre.

Dira-t-on que ces faits, par leur fréquence et leur réitération, peuvent prendre un caractère de généralité qui autorise l'incrimination de la conduite du clergé en général ? — Nous répondrons que nos lois n'admettent heureusement pas ces accusations que les Anglais appelaient aux temps de leurs troubles, des *accusations constructives*, des procès *par accumulation*, tels que ceux dont Strafford et Lalli devinrent les victimes.

Disons donc que la Dénonciation de M. de Montlosier et l'instruction qui doit s'établir à la suite, doivent se concentrer principalement sur les deux premiers chefs.

Réduite à ce point, c'est-à-dire *à faire exécuter les lois contre l'institut des jésuites et les congrégations*, la Dénonciation de M. de Montlosier sera encore un immense service rendu au Prince et à la Patrie. Un tel résultat suffit à la paix publique.

Délibéré à Paris le 1ᵉʳ août 1826.

DUPIN.

DELACROIX-FRAINVILLE.	VISINET.
BERRYER père.	DE YÈVRES.
LAMI.	V. LANJUINAIS.
PERSIL.	CROUSSE.
COFFINIÈRES.	BOUDET (*Paul*).
PARQUIN.	BOURGAIN.
CHIGNARD.	CONFLANS.
DEQUEVAUVILLERS.	PORTALIS.
FRITOT.	TARDIF.
MÉRILHOU.	PLOUGOULM.
RIGAL.	DUVERNE.
MOLLOT.	D. B. LEROY.
QUÉNAULT.	BOITEUX.
LAVAUX	TONNET.
BARTHE.	AYLIES.
DUPIN *jeune*.	LELOUP.
TARGLT.	CARRÉ.
BOUDOUSQUIÉ.	CHAIX-D'ESTANGE.
TROUILLEBERT.	LEPEC.
ROUSSEL.	BAROCHE.
DELANGLE.	

Nota. Ces signatures ont été réunies en 48 heures. On fera connaître par un supplément celles qui seront données plus tard.

Lᴇs avocats soussignés, qui ont pris lecture de la Consultation ci-dessus, sont d'avis :

1°. *En ce qui touche les congrégations :* que, sans examiner le mérite de la législation existante sous le rapport politique, ce qui ne paraît pas rigoureusement nécessaire à l'objet de la Consultation, on doit reconnaître que cette législation est encore en vigueur, ainsi que l'attestent un grand nombre de décisions judiciaires toutes récentes, et que dès-lors elle s'applique évidemment à l'hypothèse des faits dénoncés par M. de Montlosier ;

2°. *En ce qui touche l'institut des jésuites :* que l'édit de 1764 n'ayant été abrogé ni expressément ni tacitement; étant, au contraire, en harmonie avec les monumens et avec l'esprit de la législation actuelle, prohibitive des ordres religieux, doit recevoir son exécution ;

3°. *En ce qui touche les tendances et les opinions ultramontaines :* qu'elles ne constituent point de délit par elles-mêmes ; que, seulement, il peut arriver que leur émission prenne ce caractère, si toutefois les écrits,

5

prédications ou enseignemens prennent le caractère d'*attaque* contre les droits consacrés par les lois des 19 mai 1819 et 25 mars 1822 ; qu'il en est de même de l'esprit d'envahissement attribué au clergé ou à une portion de ce clergé.

En conséquence, ils adhèrent complètement aux solutions exprimées dans la présente Consultation.

Paris, 1er août 1826.

BERVILLE.

RENOUARD.

www.ingramcontent.com/pod-product-compliance
Ingram Content Group UK Ltd.
Pitfield, Milton Keynes, MK11 3LW, UK
UKHW022131070726
13613UKWH00003B/1314